Liberté! Egalité! Fraternité!

CATÉCHISME

DU

VRAI RÉPUBLICAIN

Par V. B.

Sic est voluntas Dei, ut benefacientes obmutescere faciatis imprudentium hominum ignorantiam;

Quasi liberi, et non quasi velamen habentes malitiæ libertatem, sed sicut servi Dei.

Telle est la volonté de Dieu qu'en vous conduisant bien, vous fassiez taire l'ignorance de quelques imprudents;

Comme des hommes libres, et qui ne font pas de la liberté un voile pour la malice, mais qui se regardent comme soumis à Dieu.

(I. Pet. II. 16, 17).

Prix 25 centimes.

GRENOBLE

IMPRIMERIE DE PRUDHOMME, RUE LAFAYETTE, 14.

MAI 1848.

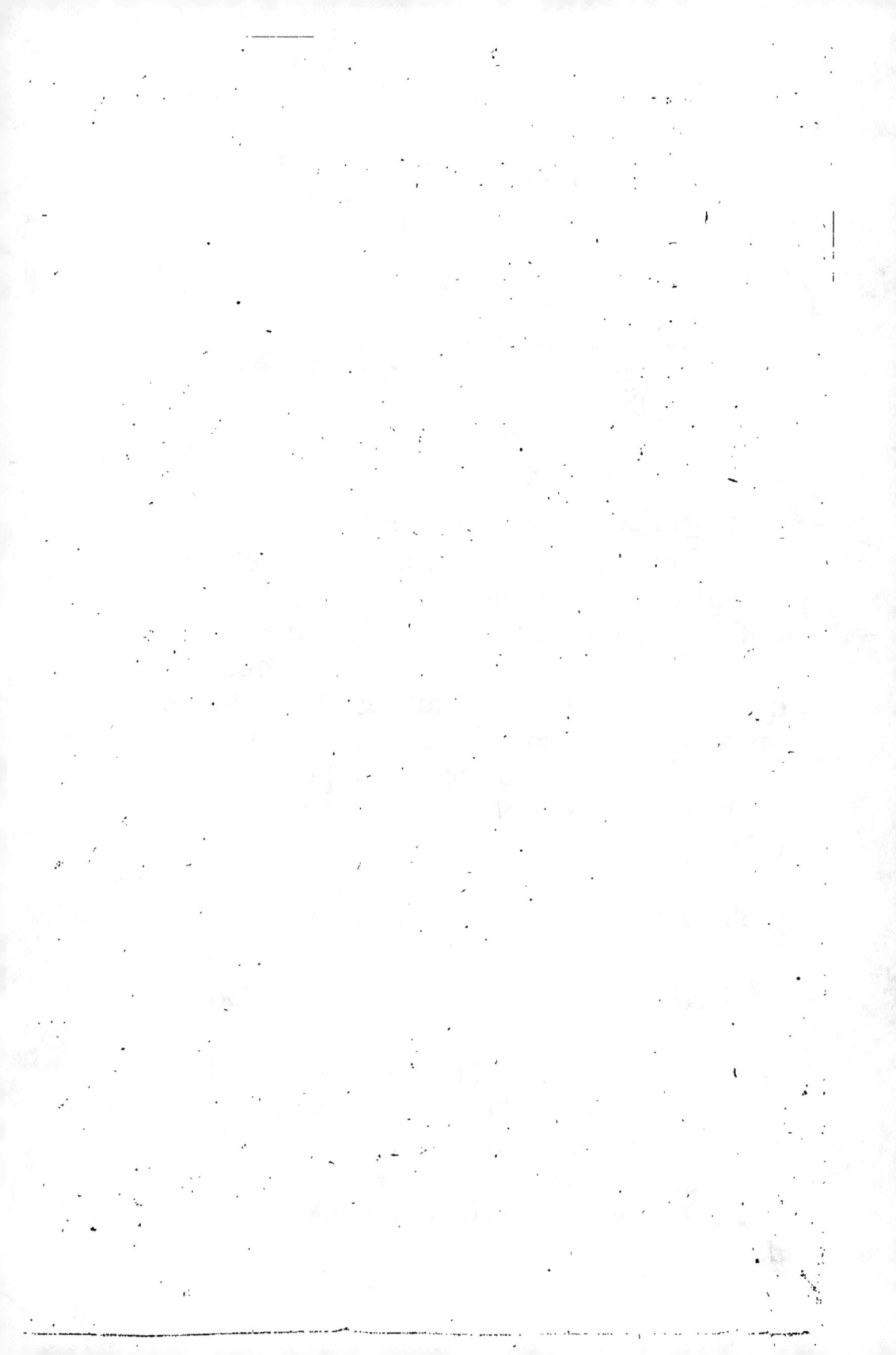

CATÉCHISME

DU

VRAI RÉPUBLICAIN.

D. Etes-vous républicain ?

R. Oui, je suis républicain, et je m'en fais gloire.

D. Qu'est-ce qu'un républicain ?

R. C'est celui qui préfère la chose publique à la sienne, et qui est toujours prêt à sacrifier ses intérêts à ceux de son pays.

D. Il ne suffit donc pas, pour être républicain, de chanter la Marseillaise et de crier *Vive la République ?*

R. Non, il faut encore prêcher d'exemple la *Liberté*, l'*Égalité* et la *Fraternité*.

CHAPITRE Iᵉʳ. — DE LA LIBERTÉ.

D. Qu'est-ce que la Liberté ?

R. C'est la faculté d'agir comme bon nous semble, dans la limite de nos droits, sans attenter aux droits d'autrui.

D. Liberté ne veut donc pas dire *licence* et *désordre ?*

4

R. Au contraire, Liberté veut dire ordre, paix et tranquillité.

D. Cependant on accuse les Républicains de vouloir le trouble et la guerre civile?

R. C'est une calomnie : s'il y a parmi nous des perturbateurs, nous les désavouons.

D. Les républicains veulent-ils la liberté pour tous?

R. Certainement.

D. La veulent-ils pour le pauvre comme pour le riche, pour le prêtre comme pour le laïque, pour le moine comme pour le franc-maçon?

R. Evidemment.

D. La veulent-ils pour ceux-là même qui ont eu ou qui ont encore des opinions contraires aux leurs?

R. Indubitablement.

D. Les républicains ne sont donc pas tracassiers et vindicatifs, comme on les en accuse?

R. Les vrais républicains sont, au contraire, les hommes les plus justes et les plus accommodants; car, pour eux, la république n'est que le règne de la vertu et de toutes les libertés publiques et privées.

D. Pourquoi dites-vous que la république est le règne de la vertu?

R. Parce qu'elle n'est que l'application politique de cette maxime qui résume tous les devoirs de l'homme envers ses semblables : « Ne fais pas à autrui ce que tu ne veux pas qu'on te fasse à toi-même. »

D. Pourquoi dites-vous qu'elle est le règne de toutes les libertés publiques et privées ?

R. Parce qu'elle les a toutes proclamées dès son avènement, et qu'elle ne peut se maintenir qu'à la condition de tenir sa parole.

D. Voudriez-vous m'énumérer ces libertés ?

R. Voici les principales : liberté de la presse, qui comprend celle de la pensée et de la parole; liberté d'association ; liberté de conscience et des cultes; liberté d'enseignement; liberté d'acquérir et de posséder, qui suppose celle de vendre, d'échanger, de donner ou de laisser son bien à qui l'on veut ; liberté de la famille, qui implique le respect de la propriété et l'inviolabilité du domicile ; liberté communale ou municipale ; liberté individuelle.

D. On pourra donc, sous la République, penser, dire, écrire, imprimer et publier tout ce que l'on croira bon et utile !

R. Sans doute.

D. On pourra se réunir et s'associer comme on l'entendra, soit pour travailler ou pour discuter, soit pour étudier et prier, et rien n'empêchera de mettre en commun ses capitaux ou ses lumières ?

R. C'est une conséquence immédiate de la liberté d'association.

D. S'il y a liberté de conscience et des cultes, on pourra donc être, suivant ses convictions ou son humeur, catholique ou protestant, juif ou mahométan, déiste, idolâtre, athée, sectateur de Boudha ou de Confucius, fouriériste,

saint-simonien , franc-maçon , icarien , etc.,
etc. ?

R. Ainsi le veut la liberté.

D. Mais n'est-il pas dangereux de laisser se
produire au grand jour les opinions les plus
absurdes et les plus contradictoires ?

R. Non.

D. Pourquoi ?

R. Parce que le grand jour dissipe l'erreur ,
et fait briller la vérité.

D. Oui, mais que penseront les catholiques
dont se compose l'immense majorité du peuple
français ?

R. Les catholiques vraiment dignes de ce
nom , c'est-à-dire les vrais croyants , s'ac-
commoderont d'une liberté qui laissera la religion du Christ s'épandre librement dans le
monde par l'éclat et la solidité de ses prédica-
tions , par la magnificence de son culte, et par
toutes les vertus et les œuvres de charité qu'elle
inspire.

Les mauvais catholiques , c'est-à-dire ceux
qui ne sont chrétiens que de nom , affranchis
de certaines convenances qui les gênaient sans
les rendre meilleurs , cesseront de déclamer
contre leurs prêtres et contre les prescriptions
de leur église.

Quant à ceux qui ne sont ni tout à fait croyants , ni tout à fait incrédules , ils pourront
continuer de flotter d'une opinion à l'autre ,
sans que personne ait le droit de s'en offusquer.

Donc les catholiques ne se plaindront pas.

D. A la bonne heure ; mais si les protestants, si les juifs , si les mahométants et autres sectaires professent librement et publiquement leur religion , on ne s'entendra pas , ce sera véritablement la tour de Babel.

R. Pas plus que sous la monarchie constitutionnelle qui accordait tout cela , moins certaines libertés de l'Eglise catholique dont elle avait l'air de redouter l'influence.

D. L'Eglise catholique n'était donc pas entièrement libre sous la monarchie constitutionnelle ?

R. Non, car on la gênait dans ses institutions les plus chères , et ses évêques n'avaient pas la liberté de se réunir pour discuter les intérêts de la Religion et régler la discipline ecclésiastique.

D. On le permettait cependant aux ministres des autres cultes, aux juifs et aux protestants , par exemple.

R. C'est vrai ; mais, au fond, les protestants et les juifs n'étaient guère plus libres que les catholiques.

D. Tous les cultes seront-ils désormais parfaitement libres ?

R. Je n'en doute pas.

D. N'est-ce pas détruire la Religion et consacrer l'indifférence ?

R. Au contraire ; la Religion sera plus florissante que jamais.

D. Vous croyez donc que la Religion s'accorde avec la liberté ?

R. Je le crois si bien, que je ne les conçois pas l'une sans l'autre. Qui dit Religion, dit nécessairement liberté de conscience. Dieu nous a faits libres et ne veut pas d'un hommage forcé.

D. Qu'entendez-vous par liberté d'enseignement?

R. J'entends par liberté d'enseignement la faculté laissée aux pères de famille de faire élever et instruire leurs enfants par qui et comme bon leur semble. J'entends encore la faculté laissée à tout individu *capable* et *moral* d'enseigner ce qu'il sait à quiconque voudra recevoir ses leçons.

D. N'avions-nous pas déjà cette liberté?

R. Non, puisque l'enseignement n'appartenait qu'à une classe privilégiée.

D. Cette classe offrait peut-être seule des garanties d'instruction solide et de haute moralité?

R. Pas plus que les autres; mais elle avait des diplômes et des brevets en règle.

D. De qui tenait-elle ces diplômes et ces brevets?

R. D'elle-même.

D. Et ceux qui n'avaient pas ces diplômes ou brevets ne pouvaient pas enseigner, quoiqu'ils fussent très-capables?

R. Non.

D. Comment! un homme instruit non breveté n'aurait pas eu le droit de fonder une école et d'enseigner à quelques enfants les éléments des sciences, des langues, de l'histoire?

R. Non.

D. Pas même de leur apprendre à lire, à écrire, à chiffrer?

R. Pas davantage.

D. Mais il pouvait au moins se faire examiner afin d'avoir son diplôme?

R. Pas toujours.

D. Que fallait-il donc pour cela?

R. Avoir puisé son instruction dans une école privilégiée.

D. Mais quand l'instruction est solide, qu'importe le nom de l'école où on l'a reçue?

R. Vous avez raison; mais ici la raison n'a rien à voir.

D. Soit; mais si le candidat remplissait toutes les conditions voulues, une fois muni de son diplôme et d'un certificat de moralité, ne pouvait-il pas enfin ouvrir quelque part une école?

R. Il lui fallait faire encore des démarches sans fin pour en obtenir l'autorisation.

D. Et quand il l'avait obtenue, pouvait-il donner à ses élèves une instruction complète?

R. Non, à moins qu'il n'eût obtenu la faveur du *plein exercice.*

D. Cette faveur s'accordait-elle facilement?

R. Très-difficilement, et jamais dans le voisinage d'une école privilégiée.

D. C'était donc le règne du monopole et de la tyrannie?

R. Il y a quelque apparence.

D. Alors les pères de famille devaient être bien gênés pour faire élever leurs enfants?

R. Très-gênés assurément, et sous plus d'un rapport.

D. La République maintiendra-t-elle cet ordre de choses ?

R. Elle ne le peut pas sans faillir à ses devoirs et à ses intérêts les plus sacrés.

D. Et si les privilégiés se récrient ?

R. Elle les laissera crier.

D. Bien ; mais n'a-t-elle pas besoin, comme la monarchie, d'avoir des écoles qui lui appartiennent en propre et qui fonctionnent sous son influence immédiate ?

R. Toutes les écoles, libres désormais par elle et encouragées par ses bienfaits, seront des écoles de la République. Du reste, il est bon, et rien n'empêche qu'elle entretienne, qu'elle crée ou propose de créer des écoles spéciales, suivant les besoins du pays.

D. Les écoles vont donc se multiplier à l'infini ?

R. C'est ce qu'il faut ; l'instruction ne saurait trop se répandre : un peuple ignorant n'est pas digne de vivre en République.

D. Pensez-vous que les enfants du peuple puissent recevoir une instruction étendue et solide comme ceux de la bourgeoisie ?

R. Pourquoi pas ? N'ont-ils pas, comme ces derniers, une âme raisonnable et immortelle ? N'auront-ils pas, sous la République, les mêmes devoirs à remplir, et par conséquent les mêmes droits aux bienfaits de l'instruction ?

D. Je conçois ; mais il en coûte pour avoir des maîtres : comment feront les pauvres ?

R. Les pauvres seront dispensés de payer.

D. Il y aura donc des écoles gratuites?

R. Comme il y en a toujours eu, mais en plus grande abondance.

D. Qui soutiendra ces écoles?

R. Soit le gouvernement avec l'argent des contribuables, soit les citoyens dévoués par des dons volontaires.

D. Tous les Français seront donc également instruits de leurs droits et de leurs devoirs?

R. Du moins il ne tiendra qu'à eux de l'être, chacun selon son aptitude et ses besoins.

D. N'est-ce point un beau rêve?

R. Rien n'est plus réalisable; la liberté ranime le zèle et triple les ressources des nations.

D. On a prétendu que l'instruction, si elle était libre, perdrait en étendue et en profondeur?

R. Au contraire, elle gagnera dans ces deux sens. L'esprit d'un peuple est comme un arbre indigène qui, si on le met dans un vase sous prétexte de le mieux cultiver, languit bientôt faute de place et de nourriture, tandis qu'il prospère dans une terre franche et libre.

D. Ne peut-on pas en dire autant de l'esprit de l'homme en général?

R. Oui ; la gêne le tue, la liberté le vivifie.

D. Qu'entendez-vous par liberté de posséder?

R. J'entends la faculté qu'a tout individu d'acquérir et d'avoir quelque chose en propre, soit argent, maison, terre, troupeaux, usines, meubles ou immeubles, soit rente, office, cabinet, et généralement tout ce qui peut tomber sous le domaine de l'homme; d'en disposer comme il lui plaît dans la limite de ses droits, sans préjudice des droits d'autrui, et de les transmettre après sa mort à ses héritiers naturels ou à ses légataires, en se conformant aux lois fondamentales du pays.

D. Cette liberté vous paraît-elle bien nécessaire?

R. Sans elle, il n'y aurait plus ni travail, ni industrie.

D. Comment cela?

R. Parce que l'homme ne travaille et ne s'ingénie que dans l'espoir d'acquérir une fortune et de laisser quelque chose après lui à ses enfants, parents ou amis.

D. Cet amour de posséder n'est-il pas dangereux?

R. Non; il entretient une salutaire activité dans tous les états.

D. Ainsi vous pensez que la concurrence est un bien?

R. La concurrence illimitée et sans frein peut faire un mal affreux; contenue dans de justes bornes et bien dirigée, elle excite seulement à mieux faire et à perfectionner.

D. La rivalité est pourtant la source de bien des haines et des fraudes.

R. Sous le règne de l'injustice et de la corruption, oui; mais sous le règne de la justice et de la liberté, elle ne sera plus qu'une louable émulation.

D. Que feront ceux qui ne possèdent rien au monde ?

R. Ils travailleront pour gagner quelque chose et ménager des ressources à leurs enfants.

D. Et ceux qui, n'ayant rien, ne peuvent pas travailler?

R. La République, qui est une bonne mère, viendra en aide à la Religion et à la Charité pour les nourrir tous et n'en laisser aucun dans la souffrance.

D. Et ceux qui, pouvant travailler, ne voudront rien faire ?

R. La République, qui est juste, ne les reconnaîtra pas pour ses enfants, et les traitera comme des malfaiteurs ou des vagabonds.

D. Et ceux qui, voulant travailler, ne trouveraient pas de travail?

R. La République leur en procurera.

D. Ne serait-il pas plus simple d'ôter à ceux qui ont trop pour donner à ceux qui n'ont pas assez?

R. Ce serait, d'un côté, une souveraine injustice; de l'autre, un encouragement à la paresse et au libertinage.

D. Vous voulez donc que la propriété soit sacrée?

R. Oui, parce qu'elle est le fondement de la famille et de toute société régulière.

D. Qu'entendez-vous par la liberté de la famille et du domicile?

R. J'entends que chacun sera maître chez

soi et libre de gouverner sa famille et ses biens comme il l'entendra, en se conformant aux lois de son pays.

D. Vous n'approuvez donc pas les visites domiciliaires?

R. Je les regarde comme des violations de la liberté des familles.

D. La République n'a-t-elle pas le droit de pénétrer dans les demeures des citoyens et d'en connaître tous les secrets?

R. La République, sauf le cas d'une absolue nécessité, respecte les demeures de ses enfants. Elle sait que sa grande famille se compose de familles particulières qui doivent se respecter et s'aimer entre elles, et qu'elle doit leur donner l'exemple de cet amour et de ces égards mutuels.

D. Que faut-il entendre par liberté communale?

R. Il faut entendre la faculté accordée aux communes, qui se partagent le territoire français, de s'administrer par elles-mêmes, de pourvoir à leurs intérêts et à leurs besoins par des règlements particuliers consentis et approuvés par la majorité des citoyens qui habitent ces communes et en font partie, ou par leurs délégués, sous la protection et conformément aux lois générales de la République.

D. D'après cette définition, les communes, jusqu'ici, n'ont pas été fort libres?

R. Non; car elles étaient sous une tutelle

gênante et ombrageuse, et leur état ne différait guère du servage.

D. Pourquoi le gouvernement monarchique les traitait-il ainsi?

R. Pour tout concentrer dans sa main et avoir partout des créatures à sa dévotion.

D. La République donnera-t-elle suite à ces abus?

R. La République accordera sans doute aux communes urbaines et rurales toutes les libertés compatibles avec une bonne et large administration.

D. Qu'est-ce que la liberté individuelle?

R. C'est la faculté qu'a chaque individu, jouissant ou censé jouir de la plénitude de sa raison, d'être maître de sa personne et d'agir comme il lui plaît, à la seule condition de respecter la liberté des autres et les lois du pays qu'il habite.

D. Sur quoi se fonde cette liberté?

R. Sur la nature même de l'homme et sur les droits imprescriptibles de la dignité humaine.

D. Cette liberté est-elle bien essentielle?

R. Elle est la racine et la base de toutes les autres libertés.

D. Pourquoi?

R. Parce que les familles, les communes et les nations se composent d'individus, et que si les individus ne sont pas libres, il n'y a plus de liberté au monde.

D. Pourquoi dites-vous que, pour jouir de la liberté individuelle, il faut avoir ou être censé avoir le plein usage de sa raison?

R. Pour faire entendre 1° que les enfants sont soumis à la volonté de leurs parents ou tuteurs jusqu'à l'âge fixé par les lois ; 2° que les aliénés peuvent, dans l'intérêt des familles et de la société, être enfermés malgré eux dans des maisons de santé, où ils reçoivent les soins qu'exige leur malheureux état.

D. N'est-il pas permis de faire emprisonner quelqu'un pour dettes?

R. Une mesure si sévère doit être regardée comme un attentat à la liberté individuelle, surtout quand le débiteur est de bonne foi.

D. Mais les voleurs, les brigands, les conspirateurs, les perturbateurs de l'ordre public, les corrupteurs de la morale, les assassins et autres malfaiteurs, s'il y en a, qu'en fera-t-on sous le régime de la liberté?

R. On les punira selon toute la rigueur des lois, et d'autant plus sévèrement qu'ils auront indignement abusé de la confiance publique, et violé sciemment et sans excuse les droits les plus sacrés de l'homme et de la société.

D. Ainsi sous la république on jouira d'une grande liberté et d'une sécurité parfaite ; on pourra voyager partout, faire ses affaires, prendre ses plaisirs seul ou en compagnie, exercer telle profession, porter tel habit, avoir tel costume, tel équipage que l'on voudra, etc., etc., sûr d'être bien venu et de trouver partout aide et protection, pourvu qu'on ne fasse de mal à personne ?

R. La sécurité sera d'autant plus grande que chacun reconnaîtra et défendra les droits de tous, et que tous reconnaîtront et défendront les droits de chacun. Ainsi la véritable liberté nous mènera à l'égalité et à la fraternité.

CHAPITRE II. — DE L'ÉGALITÉ.

D. Qu'est-ce que l'Egalité ?

R. L'Egalité est une loi naturelle et divine en vertu de laquelle tous les hommes doivent avoir leur part dans les avantages comme dans les charges de la grande famille humaine dont ils font partie en venant au monde.

D. Pourquoi dites-vous que la loi de l'Egalité est naturelle ?

R. Parce que tous les hommes ou êtres humains, grands ou petits, riches ou pauvres, sauvages ou civilisés, ont la même nature et sont tous sortis d'une seule et même famille.

D. Pourquoi dites-vous que cette loi est divine ?

R. Parce que tous les hommes sont les enfants de Dieu, et qu'ils ont tous une âme immortelle, faite pour le connaître et l'aimer éternellement.

D. Ainsi donc tous les hommes qui sont sur la terre, à quelque nation, race ou couleur qu'ils appartiennent, ont la même origine et

1...

la même destinée, et partant sont radicalement égaux ?

R. Oui.

D. Comment appelez-vous cette égalité ?

R. Je l'appelle égalité de nature.

D. Quelle est la première conséquence de cette égalité ?

R. C'est que toutes les nations du monde, qui ne sont que des fractions de la grande famille du genre humain, doivent se regarder comme des sœurs également nobles par leur origine, également libres de conserver leur nationalité, c'est-à-dire de se gouverner par elles-mêmes, et de poursuivre le rôle que la Providence leur a départi dans l'œuvre commune de la civilisation.

D. Quelle est la seconde conséquence de l'égalité de nature ?

R. C'est que tous les citoyens d'un même pays étant naturellement égaux, ils doivent non-seulement être également protégés par la société dont ils font partie, mais participer dans la mesure de leur mérite et de leurs forces aux avantages comme aux charges civiles et politiques de cette société.

D. L'égalité veut donc que justice soit faite à tous également, et sans acception de personne ?

R. Oui, et c'est ce que l'on appelle égalité devant la loi.

D. L'égalité exclut donc les priviléges de la naissance et de la fortune, et ne reconnaît que ceux du mérite et de la vertu ?

R. Oui, et c'est ce que l'on peut appeler plus spécialement l'égalité civile.

D. Ainsi, par l'égalité devant la loi, le pauvre qui a droit obtiendra justice contre le riche qui a tort, et réciproquement ?

R. Sans doute.

D. Ainsi, par l'égalité civile, le pauvre, qui est probe et capable, pourra parvenir aux plus hauts emplois, et le riche qui manquera de probité ou de capacité en sera exclu ?

R. Rien de plus juste.

D. Sont-ce là tous les bienfaits de l'égalité ?

R. Il y en a encore trois bien considérables et d'autant plus précieux qu'ils étaient inconnus sous la monarchie.

D. Quels sont-ils ?

R. Le premier, c'est que tous les citoyens, quelle que soit leur fortune ou leur profession, ont droit de participer au gouvernement de la République.

D. Comment s'exerce ce droit ?

R. Par les élections.

D. Tout citoyen est donc électeur de droit ?

R. Oui, tout citoyen libre est électeur de droit.

D. Tout citoyen est-il aussi éligible ?

R. Oui, tout citoyen libre est éligible.

D. Qu'entendez-vous ici par citoyen libre ?

R. Celui qui n'est frappé d'aucune des incapacités prévues par la loi ; telles que le défaut d'âge, l'imbécillité ou aliénation mentale, la dégradation civique et autres peines infamantes.

D. Comment appelez-vous cette égalité ?

R. Je l'appelle égalité politique.

D. L'égalité politique existait-elle sous la monarchie ?

R. Non, car pour être électeur il fallait être riche, et pour être éligible, plus riche encore.

D. Ainsi donc, sous l'ancien régime, la richesse tenait lieu de talent et de vertu ?

R. Oui, trop souvent, et par ce malheureux système, l'amour effréné de l'argent régnait partout, et menaçait de tout corrompre.

D. Croyez-vous que la corruption n'existera pas sous la république ?

R. Je crois au moins qu'elle sera plus rare, parce que chacun aura le droit de la dénoncer et de la flétrir.

D. Quel sera le second avantage de l'égalité?

R. C'est que tout membre de la société pourra, par le bienfait d'une éducation large et libérale, se développer tout entier, c'est-à-dire acquérir le plein usage de ses facultés physiques et morales.

D. A ce compte, les Français seront donc tous également vigoureux, tous également instruits, tous également sages ?

R. Non, parce que tous ne viennent pas au monde avec les mêmes dispositions de corps et d'esprit, et probablement aussi tous n'auront pas la même volonté de s'instruire et de se perfectionner; en outre, les accidents de la vie, l'âge, les maladies, les revers de fortune , les positions et les vocations différentes mettront toujours une certaine distance entre les citoyens ; mais, toutes choses égales d'ailleurs, chacun pourra se développer suivant ses besoins et sa capacité ; ce qui est bien suffisant pour établir en principe l'égalité intellectuelle ou d'éducation.

D. Comment s'établira cette égalité dans la pratique ?

R. Nous l'avons déjà dit, par l'instruction gratuite à tous les degrés et par la liberté d'enseignement.

D. Que feront les personnes âgées qui ne savent ni lire ni écrire?

R. Il y aura pour elles des écoles d'adultes.

D. Mais il faudra bien du temps pour que l'instruction pénètre dans les masses ?

R. Pas tant que vous pensez ; tout dépendra de la bonne volonté des enseignants et des enseignés.

D. Mais, ne fallût-il attendre que vingt ans, où sera dans cet intervalle l'égalité intellectuelle ?

R. Elle sera comme la semence jetée en terre qui doit germer d'abord , puis monter en herbe, puis fleurir, avant de porter son fruit. Toutes les grandes conquêtes de l'intelligence veulent du temps ; mais que chacun s'y prête , et dans moins de dix ans , nous aurons conquis pour nos enfants cette noble égalité intellectuelle.

D. Voilà deux bienfaits immenses de l'égalité ; quel sera le troisième ?

R. Celui que rêvait Henri IV et que tout chef d'Etat devrait désirer pour son pays, je veux dire l'égalité de bonheur et de bien-être.

D. Quoi ! vous voudriez que tous les Français fussent également heureux ?

R. Sans doute, autant que possible.

D. Vous voudriez qu'ils fussent tous assez riches pour mettre la poule au pot tous les dimanches ?

R. Eh oui ! je voudrais au moins que tous eussent de quoi vivre honnêtement en travaillant.

D. Pour arriver là, ne seriez-vous pas d'avis que la République décrétât le partage de tous les biens ?

R. Non, certes, car outre que cette mesure forcée serait le comble de la tyrannie et de l'injustice, elle ne remédierait à rien, puisque elle ne détruirait pas la cupidité, l'égoïsme, la vanité, l'amour des plaisirs sensuels, la gourmandise, l'ivrognerie, la paresse, le libertinage, et toutes les mauvaises passions qui sont la cause première et directe de toutes nos misères. De plus, elle ne ferait que mettre à l'ordre du jour l'anarchie et la confusion ; car, le droit de propriété une fois ébranlé, les mécontents redemanderaient sans cesse le partage ; chaque jour, à chaque instant, on pourrait s'attendre à voir tout remettre en question, comme s'il n'y avait rien de fait. Et que deviendraient en attendant l'agriculture et le commerce ? Où seraient le bonheur et la paix des familles ?

D. Je conçois que cette mesure est impraticable, et que les plus malheureux n'en voudraient pas plus que les riches. Mais supposons, par impossible, que tous voulussent y consentir et qu'une parfaite égalité de biens pût s'établir et se maintenir en France, n'aurions-nous pas alors cette égalité de bonheur et de bien-être dont vous parliez tout à l'heure?

R. Je crois au contraire qu'il en résulterait la misère et l'abrutissement universel, et que la France, qui est la première des nations, serait bientôt la dernière de toutes.

D. Comment cela?

R. Parce que les terres et les capitaux étant partagés entre tous, il n'y aurait plus ni grandes fortunes ni grandes industries; par conséquent, non-seulement l'argent et les objets de luxe, mais les objets les plus nécessaires à la vie deviendraient très-rares et très-chers, ce qui engendrerait en peu de temps la plus extrême pauvreté au dedans et la plus extrême faiblesse au dehors. De plus, tous étant occupés de travaux manuels et de première nécessité, personne n'aurait le temps de s'instruire ni d'instruire les autres : adieu donc la culture intellectuelle, les sciences, les arts, la philosophie et même la religion; nous retomberions dans la barbarie, et la France, qui compte trente-cinq millions d'habitants, n'en pourrait bientôt pas nourrir la moitié.

D. Mais si, au lieu de partager les biens, la République les mettait tous en commun et en distribuait les revenus à chacun selon ses besoins ?

R. Ce serait pire encore, puisque nul ne possédant et tous comptant sur leur portion de revenu, la France ne serait plus qu'un grand dépôt de mendicité, un immense hôpital de pauvres et de fainéants tendant la main pour recevoir régulièrement l'aumône légale ; ou bien encore une vaste exploitation de toutes les terres et de toutes les industries, au profit de quelques chefs, par les bras de trente-cinq millions d'esclaves nourris, vêtus et logés, et recevant chaque jour leur ration comme de vils animaux.

D. Que faut-il donc penser de ceux qui prêchent aux peuples ces absurdes doctrines et de ceux qui les applaudissent ?

R. Que ce sont de grands fous ou de grands scélérats.

D. Ce ne sont donc pas les républicains qui soutiennent ces doctrines ?

R. Non, les vrais républicains les condamnent et les abhorrent.

D. Qui donc nous donnera l'égalité de bonheur et de bien-être ?

R. La République, par ses institutions justes et libérales, et les riches citoyens, par un sage et légitime emploi de leurs revenus.

D. Quels sont les moyens au pouvoir de la République ?

R. Elle en a mille à sa disposition ; en voici quelques-uns : 1° faire une plus juste répartition de l'impôt foncier ; 2° réduire ou abolir les impôts directs ou indirects qui pèsent presque exclusivement sur les classes peu aisées; 3° imposer le luxe et les superfluités ; 4° empêcher le gaspillage des finances ; 5° supprimer toutes les sinécures ; 6° diminuer les trop gros traitements et les pensions exorbitantes ; 7° simplifier les rouages de l'administration, et réduire au juste nécessaire le nombre des employés salariés par l'Etat ; 8° mettre des bornes aux lenteurs ruineuses de la justice ; 9° réprimer l'infâme trafic des usuriers et la cupidité des hommes d'affaires ; 10° encourager par des mesures efficaces l'agriculture , l'industrie et le commerce ; 11° défricher les terres incultes et les landes ; 12° dessécher les marais; 13° ouvrir de nouvelles voies de communication par les canaux, les chemins de fer, les endiguements des rivières , travaux qui répandraient partout la vie et l'abondance ; 14° établir partout, et principalement dans les grands centres de fabrication , des ateliers nationaux et départementaux qui feraient une loyale concurrence aux riches fabricants, et maintiendraient la main-d'œuvre à un prix raisonnable; 15° créer dans les départements et dans les chefs-lieux de canton des banques nationales et des comptoirs d'escompte , pour neutraliser le trafic usuraire et désastreux d'une foule de gros et de petits banquiers qui ruinent les campagnes et la petite industrie ; 16° multiplier les écoles gratuites d'arts et métiers et d'agriculture ; 17º encourager les établissements de bienfaisance ; 18° assurer du travail aux pauvres ouvriers dans les temps de crise et de chômage forcé ; 19º organiser des sociétés de bienfaisance mutuelle et leur assurer la protection des lois ; 20º favoriser les associations des maîtres avec les ouvriers et des ouvriers entre eux ; 21º mettre partout en honneur le travail et la probité, et surtout rétablir promptement la confiance de la nation et celle des peuples voisins, par une administration intérieure ferme et impartiale, et par des relations extérieures pleines de franchise et de dignité.

D. La République peut-elle entreprendre sur-le-champ toutes ces améliorations ?

R. Elle le peut d'autant mieux que les esprits y sont préparés, que tous les bons citoyens les attendent impatiemment, et que pour les réaliser elle n'attaque aucun droit, ne froisse aucun intérêt légitime.

D. En quoi les riches peuvent-ils seconder les bonnes intentions de la République et hâter l'avènement du bien-être universel ?

R. En n'abusant pas de leurs richesses pour envahir toutes les propriétés et toutes les industries; en favorisant, par des conditions raisonnables, la prospérité de leurs fermiers et de leurs ouvriers ou domestiques ; en prêtant un généreux concours à tous les établissements qui ont pour but d'améliorer le sort des classes laborieuses ; en fondant, par des cotisations et des dons volontaires, des tontines ou rentes perpétuelles en faveur des ouvriers malheureux des deux sexes ; en répandant autour d'eux la confiance et la joie ; en versant dans le sein des indigents une partie de leur superflu ; en se rapprochant davantage du peuple, moins pour s'abaisser eux-mêmes que pour l'élever ; en favorisant, par tous les moyens, son éducation religieuse et morale, et surtout en lui donnant, comme ils le doivent, l'exemple des bonnes mœurs, de l'union et de la plus exacte probité.

D. Qu'adviendrait-il, si les riches faisaient tout cela ?

R. Ils seraient estimés et aimés de tous, et, bien loin de leur porter envie, on les bénirait comme les instruments de la Providence et ses représentants sur la terre.

D. Il est donc de leur intérêt d'amener promptement autour d'eux la confiance et la paix ?

R. Oui, leurs biens seront ainsi plus en sûreté que dans leurs coffres-forts ou derrière les murailles de leurs enclos, et leur bonheur s'augmentera du bonheur de tous ceux qui leur devront un peu de joie et de bien-être.

D. Ces conseils ne regardent-ils que les riches millionnaires ?

R. Ils s'adressent en général à tout ce qui est dans l'aisance, propriétaires, industriels, commerçants, rentiers, fonctionnaires, ministres du culte, grandes et petites communautés : que chacun, selon ses facultés, verse dans la caisse des pauvres, et la misère aura bientôt disparu.

D. Que doivent faire de leur côté ceux qui souffrent ?

R. N'être pas trop exigeants ; montrer, par leur bonne conduite et par leur amour du travail, qu'ils sont dignes de l'intérêt qu'on leur porte ; se contenter de peu, et s'encourager mutuellement à la patience et à la résignation.

D. Pensez-vous qu'avec toute la bonne volonté possible, soit du côté de l'Etat, soit du côté des particuliers, on vienne à bout de tout prévoir et de remédier à toutes les misères ?

R. L'essentiel est de se mettre à l'œuvre ; la Providence et le temps feront le reste.

D. Mais n'y aura-t-il pas toujours des pauvres parmi nous, comme dit l'Evangile ?

R. Il y en aura moins, ceux qui resteront seront mieux secourus, et le nombre des heureux ira toujours croissant.

D. Suffit-il pour être heureux d'avoir le pain de chaque jour et une certaine somme de bien-être matériel ?

R. Non, cela ne suffit pas, car l'homme ne vit pas seulement de pain, il lui faut encore les consolations du cœur et les joies de la conscience.

D. Ce double besoin sera-t-il satisfait sous la République ?

R. Oui, si nous sommes tous de vrais républicains.

D. Où trouverons-nous cette satisfaction ?

R. Dans la fraternité.

CHAPITRE III. — DE LA FRATERNITÉ.

D. Qu'est-ce que la Fraternité?

R. C'est le dogme évangélique et républicain par lequel nous reconnaissons que tous les hommes sont frères, et qu'ils doivent s'entr'aider et s'aimer comme des membres d'une même famille.

D. Pourquoi dites-vous que ce dogme est évangélique?

R. Parce que l'Evangile l'a proclamé le premier, et qu'il ne cesse de le prêcher au monde depuis dix-huit siècles.

D. Pourquoi dites-vous que ce dogme est républicain?

R. Parce que notre République l'a adopté pour devise, aussi bien que la liberté et l'égalité.

D. Le dogme de la fraternité est-il aussi important que les deux autres?

R. Il l'est même davantage.

D. Pourquoi?

R. Parce que sans lui les deux autres sont impuissants à nous rendre heureux, au lieu qu'à lui seul il pourrait suffire au bonheur du genre humain.

D. Comment cela?

R. C'est que si tous les hommes s'aimaient et s'entr'aidaient comme des frères, non-seulement tous seraient libres et égaux, mais il n'y aurait ni procès ni guerres ; tous les pauvres seraient nourris, vêtus et logés ; tous les malades, soignés ; toutes les misères, consolées ; la terre serait un vrai paradis.

D. Les républicains entendent-ils tous la fraternité de cette manière ?

R. Les seuls vrais républicains l'entendent ainsi.

D. Il y a donc bien peu de vrais républicains ?

R. Trop peu sans doute, mais tout fait espérer que leur nombre augmentera.

D. Que doivent faire en attendant les vrais amis de la République ?

R. Ils doivent donner l'exemple de toutes les vertus républicaines qui découlent de la fraternité.

D. Quelles sont ces vertus ?

R. Il y en a quatre principales, qui sont : le désintéressement, la philanthropie, le dévoucment et l'hospitalité.

D. Qu'est-ce que le désintéressement ?

R. Le désintéressement est une vertu évangélique et républicaine, qui consiste à ne pas agir par ambition, ni par l'espoir du gain, ni pour toute autre satisfaction personnelle, mais uniquement dans la vue du bien et par un profond amour de la justice.

D. Quel est le vice directement opposé à cette vertu ?

R. C'est l'égoïsme, qui fait qu'en toute chose on ne considère que soi et ses intérêts, sans tenir compte de la personne et des intérêts d'autrui ; vice hideux que tous condamnent hautement chez les autres , mais que peu savent découvrir et combattre chez eux ; vice devenu si commun, qu'une foule d'honnêtes gens, qui croient avoir de la religion et du patriotisme , ne craignent pas d'adopter dans leur conduite et dans leurs discours cette maxime aussi anti - chrétienne qu'anti - républicaine : *Songeons d'abord à nous : charité bien ordonnée commence par soi-même.*

D. Qu'est-ce que la philanthropie ?

R. La philanthropie, ou amour de l'humanité, est une vertu évangélique et républicaine qui nous porte à aimer tous les hommes , à nous apitoyer sur leurs misères , à les secourir efficacement , à nous montrer bons , honnêtes , affectueux envers tout le monde , à rejeter constamment toute mesure brutale et sanguinaire , et à concilier le respect dû aux lois et à l'autorité , avec l'intérêt et les égards que tout être humain doit nous inspirer.

D. Quels sont les défauts opposés à l'amour de l'humanité ?

R. Ce sont la cruauté, la barbarie , la fierté, l'humeur hautaine et vindicative , l'insensibilité, la dureté du cœur, la misanthropie , la haine, l'envie, l'humeur querelleuse et tracassière , l'antipathie pour ses voisins , la manie de tout critiquer dans la conduite et les manières d'autrui, les calomnies , les soupçons et les faux rapports , et une foule d'autres vices qui entretiennent la désunion dans la société.

D. Qu'est-ce que le dévouement ?

R. Le dévouement est une vertu évangélique et républicaine qui consiste à sacrifier non-seulement ses intérêts, mais son temps, ses travaux, sa santé, sa réputation même et toute sa personne, au bonheur de ses semblables et à la gloire de son pays.

D. Il ne suffit donc pas, pour être dévoué, de mettre en avant de belles théories et de faire de brillants discours pour les soutenir ?

R. Non, il faut en venir à l'action, donner le bon exemple aux autres, et savoir leur inspirer le désir et le courage de s'associer pour le bien, comme les méchants ne savent que trop le faire pour le mal.

D. N'est-il pas permis de rester indifférent, pourvu qu'on ne fasse tort à personne ?

R. L'indifférence est directement opposée au dévouement, et dans les temps de crise elle fait beaucoup de mal, parce qu'elle isole les gens de bien, et tarit les sources de la bienfaisance.

D. Qu'est-ce que l'hospitalité ?

R. L'hospitalité est une vertu évangélique et républicaine qui nous fait traiter les étrangers avec les mêmes égards et les mêmes attentions que s'ils étaient nos amis et nos frères.

D. La France n'a-t-elle pas toujours accueilli les étrangers ?

R. Oui, la France a toujours donné l'exemple de l'hospitalité la plus franche et la plus cordiale, et le titre d'étranger fut de tout temps sacré parmi nous. Mais c'est aujourd'hui surtout qu'il faut prouver à tous les peuples du monde que nous sommes fidèles aux traditions de nos pères, et que la liberté, loin de dénaturer notre caractère national, n'a fait que l'ennoblir et le perfectionner.

D. Ne doit-on pas secourir ses compatriotes avant les étrangers?

R. Il faut secourir tout ce qui souffre; mais les étrangers réfugiés parmi nous méritent d'autant plus d'intérêt, qu'ils sont hors de leur patrie et n'ont auprès d'eux ni parents ni amis pour les consoler.

D. Quelle est la vertu qui résume et complète toutes les autres?

R. L'amour, qu'on appelle autrement la charité chrétienne.

D. Quels sont les effets de l'amour ou de la charité?

R. Les voici, d'après l'apôtre saint Paul: « L'amour est patient, bienfaisant; l'amour » n'est point jaloux; il n'est point téméraire » ni précipité; il ne s'enfle point d'orgueil; il » n'est pas ambitieux; il ne cherche pas son » propre intérêt; il ne se fâche jamais; il ne » pense pas le mal; il ne se plaît pas dans l'in- » justice, mais il se complaît dans la vérité; » il ne se rebute de rien; il croit tout possible, » il espère tout, il souffre tout. »

D. Qu'arrivera-t-il, si la fraternité et les vertus qui en dérivent sont connues et pratiquées par tous ceux qui se disent républicains?

R. Dieu bénira notre République ; tous les autres peuples nous aimeront, et nous serons aussi heureux qu'il est possible de l'être en ce monde.

D. Mais qu'arriverait-il, si ces vertus étaient aussi rares qu'auparavant?

R. Dieu ne nous bénirait pas, et nous passerions auprès des autres peuples pour une nation turbulente, inquiète, amie de la nouveauté plus que de la vertu, plus propre à débiter de belles maximes qu'à les mettre en pratique.

D. A qui faut-il s'adresser pour avoir le courage et les vertus d'un vrai républicain?

R. A Dieu, qui donne la sagesse à tous ceux qui la lui demandent sincèrement.

D. Vous pensez donc qu'un républicain doit avoir de la religion et prier Dieu?

R. Sans religion il n'y a point de vertu solide ; car la vertu vient du Ciel, et c'est la prière qui l'en fait descendre.

FIN.

Ce catéchisme se trouve :

A GRENOBLE, chez tous les libraires.

A PARIS, chez Jacques Lecoffre, libraire, rue Pot-de-Fer-Saint-Sulpice.

A LYON, { Chez MM. Saint-Hilaire, Blanc et Cᵉ, libraires;
Chez MM. Girard et Josserand, lib., place Bellecour.

A BOURGOIN, chez M. Vauvillez, libraire.

A VOIRON, chez MMˡˡᵉˢ Bourgeois.

A VIENNE, chez M. Girard, libraire.

A ANNONAY, chez M. Prodhon, libraire.

A PRIVAS, chez M. Curinier, libraire.

DU MÊME AUTEUR.

Pour paraître prochainement:

MÉMOIRE

SUR L'ENSEIGNEMENT SECONDAIRE.

www.ingramcontent.com/pod-product-compliance
Lightning Source LLC
Chambersburg PA
CBHW060755280326
41934CB00010B/2491